KALENDER DER KATASTROPHEN

Peter K. Stumpf

Herstellung und Verlag:
BoD - Books on Demand, Norderstedt
ISBN: 978-3-7534-6199-1

JANUAR

01. Januar: Indien - 1978: Eine Boeing 747 der Air India stürzt Minuten nach dem Start von Bombay ins Meer. Alle 213 Menschen an Bord sterben.

02. Januar: Spanien - 1921: Beim Untergang des spanischen Dampfschiffes Santa Isabel in der Ría de Arousa in Galicien kommen 213 Menschen ums Leben, 56 können gerettet werden.

03. Januar: Russland - 1994: Eine Tupolew Tu-154 der Baikal Air stürzt kurz nach dem Start von Irkutsk in Russland Richtung Moskau wegen Triebwerksproblemen ab. Alle 125 Menschen an Bord und einer am Boden sterben.

04. Januar: China - 1970: Ein Erdbeben der Stärke 7,5 in der Provinz Yunnan, Volksrepublik China, fordert rund 10.000 Tote.

05. Januar: Schottland - 1993: Vor den Shetlands läuft der Öltanker Braer auf Grund. Danach laufen 84.500 Tonnen Rohöl aus.

06. Januar: China - 2018: Im Ostchinesischen Meer kollidiert der Öltanker Sanchi, welcher 136.000 Tonnen Öl an Bord hat, mit einem chinesischen Massengutfrachter, geht in Flammen auf und sinkt am 14. Januar. Von der 32-köpfigen Besatzung überlebt niemand das Unglück.

07. Januar: Ibiza - 1972: Beim Landeanflug auf Ibiza stürzt eine Sud Aviation Caravelle der spanischen Fluggesellschaft Iberia ab. Es gibt 104 Tote.

08. Januar: Australien - 2003: Im Kosciuszko-Nationalpark in der Nähe der australischen Hauptstadt Canberra brechen auf Grund mehrerer Blitzschläge nach einer sommerlichen Trockenperiode mehrere Buschbrände aus, die sich in den nächsten Tagen zu einer der größten Naturkatastrophen Australiens entwickeln.

09. Januar: Sizilien - 1693: Beginn einer schweren Erdbebenserie auf Sizilien mit dem Hauptbeben am 11. Januar, die etwa 60.000 Menschen das Leben kostet.

10. Januar: Mauritius - 1910: Das britische Passagierschiff Loodiana verschwindet nach dem Ablegen in Port Louis (Mauritius) mit 175 Menschen an Bord spurlos auf dem Indischen Ozean. Die Ursache ist bis heute ungeklärt.

11. Januar: Atlantik - 1866: Das britische Passagierschiff London gerät im Golf von Biskaya in einen Sturm und sinkt, 220 der 239 Menschen an Bord kommen um.

12. Januar: Niederlande - 1807: Die Stadt Leiden wird durch die Explosion eines Schiffes, das Schießpulver geladen hat, schwer in Mitleidenschaft gezogen. 151 Menschen kommen ums Leben, geschätzte 2.000 werden verletzt und etwa 220 Häuser werden zerstört.

13. Januar: Rumänien - 1917: Bei einem der schwersten Eisenbahnunfälle weltweit entgleist ein mit verwundeten russischen Soldaten und Flüchtlingen überfüllter Zug im Bahnhof der rumänischen Ortschaft Ciurea. Der Unfall fordert zwischen 600 und 1000 Todesopfer.

14. Januar: DDR - 1975: In Cottbus fordert der Absturz einer MiG-21 sieben

Todesopfer. Er gilt als das schwerste Unglück mit einem Militärflugzeug der Luftstreitkräfte der Nationalen Volksarmee der DDR.

15. Januar: China - 1822: Beim Untergang der chinesischen Dschunke Tek Sing sterben mindestens 1.600 Menschen, mehr als beim Sinken der Titanic. Nur etwa 200 Menschen werden von einer anderen Dschunke und einem britischen Handelsschiff gerettet.

16. Januar: Nordsee - 1219: Bei der Ersten Marcellusflut, einer schweren Sturmflut an der Nordseeküste, kommen ungefähr 36.000 Menschen um, Westfriesland ist am schwersten betroffen.

17. Januar: Japan - 1995: Das Hanshin-Erdbeben der Magnitude MW=6,9 mit dem Epizentrum in der Nähe der japanischen Stadt Kōbe fordert über 6.433 Tote und 44.000 Verletzte sowie

große Sachschäden. Über 300.000 Menschen in der 1,5 Millionen Einwohner zählenden Stadt werden obdachlos. Die Pfeiler der in Bau befindlichen Akashi-Kaikyō-Brücke werden fast einen Meter auseinandergeschoben.

18. Januar: Europa - 2007: Der Orkan Kyrill, der schwerste Orkan seit Lothar vom 26. Dezember 1999, fegt über Europa hinweg. 47 Menschen kommen ums Leben und es entsteht ein Sachschaden von über einer Milliarde Euro.

19. Januar: Kanada - 1942: Bei der Versenkung des kanadischen Passagierdampfers RMS Lady Hawkins durch ein deutsches U-Boot sterben vor der Küste North Carolinas 251 Passagiere und Besatzungsmitglieder.

20. Januar: Russland - 1905: In Sankt Petersburg stürzt die Ägyptische Brücke,

ein Bauwerk aus dem ersten Drittel des 19. Jahrhunderts, ein. Ein Tragseil reißt, als eine Kavallerie-Schwadron die Kettenbrücke überquert. Alle 60 in den Fluss Fontanka gestürzten Soldaten werden gerettet, mehrere Pferde verenden.

21. Januar: Frankreich - 1940: Vor der französischen Mittelmeerküste kommt es nach einer Explosion an Bord des italienischen Passagierschiffs Orazio zu einem unkontrollierbaren Brand. Das Schiff brennt aus und sinkt; 106 Menschen kommen ums Leben, obwohl schnell Hilfe vor Ort ist.

22. Januar: Kanada - 1906: Der amerikanische Passagierdampfer Valencia kollidiert bei schwerer See vor Vancouver Island mit einem Riff. Wegen der schlechten Wetterverhältnisse und der aufgewühlten See können Rettungsschiffe nichts für die Schiffbrüchigen tun. 136 Menschen kommen ums Leben. Es

handelt sich um eines der schwersten Schiffsunglücke im pazifischen Nordwesten.

23. Januar: Norwegen - 1904: Eine umgekippte Petroleumlampe in einer Margarinefabrik löst in Ålesund einen Brand aus, der die norwegische Stadt fast vollständig zerstört und 10.000 Menschen obdachlos macht. Kaiser Wilhelm II. schickt vier Schiffe mit Hilfsgütern und unterstützt den Wiederaufbau im Jugendstil.

24. Januar: Sachsen - 1620: Im erzgebirgischen Altenberg kommt es zum umfangreichsten Pingenbruch im deutschen Bergbau. Einbrechendes Gestein zerstört 36 Zinnerzgruben.

25. Januar: Indien - 2005: Eine Panik im Mandher Devi Tempel in Wai in Maharashtra, Indien, führt zu mindestens 330 Toten und über 200 Verletzten.

26. Januar: Indien - 2001: Im indischen Bundesstaat Gujarat fordert ein Erdbeben der Stärke 7,7 rund 20.000 Menschenleben.

27. Januar: Nigeria - 2002: In Lagos ereignen sich etwa 30 Explosionen in einem brennenden Munitionsdepot der nigerianischen Armee. Sie zerstören angrenzende Gebäude und lösen eine panische Flucht tausender Menschen aus, die weitere Tote verursacht. Insgesamt verlieren über tausend Menschen ihr Leben.

28. Januar: Deutsches Reich - 1907: Bei einem Schlagwetter mit anschließender Kohlenstaubexplosion in der Grube Reden in Landsweiler-Reden, dem heutigen Schiffweiler bei Neunkirchen, kommen 150 Menschen ums Leben.

29. Januar: Portugal - 1975: Der Rohöltanker Jakob Maersk tangiert beim Anlaufen des portugiesischen Zielhafens Porto de Leixões eine Sandbank, gerät in Brand, zerbricht und sinkt schließlich. Etwa 15.000 Tonnen austretendes Öl verschmutzen die Küste, die Rauchfahne der brennenden Ladung verursacht Atembeschwerden an Land.

30. Januar: Grönland - 1959: Vor Grönland sinkt die Hans Hedtoft, bei deren Untergang 92 Menschen ihr Leben verlieren. Es handelt sich um den bis heute letzten tödlichen Schiffsuntergang, der durch eine Kollision mit einem Eisberg verursacht wurde.

31. Januar: Südamerika - 1906: Ein Erdbeben der Stärke 8,8 in Kolumbien und Ecuador fordert etwa 1.000 Tote.

FEBRUAR

01. Februar: Brasilien - 1974: Beim Brand des Hochhauses Edifício Joelma im brasilianischen São Paulo kommen 189 Menschen ums Leben.

02. Februar: Somalia - 2016: Kurz nach dem Start in Mogadischu mit Ziel Dschibuti zündete ein Passagier eine Bombe, deren Explosion ein Loch in die Rumpfhülle des Airbus A321-100 riss. Der Attentäter wurde aus der Kabine gesogen und kam ums Leben, zwei Passagiere wurden verletzt. Den Piloten gelang eine Notlandung in Mogadischu.

03. Februar: Neuseeland - 1931: Die neuseeländischen Städte Napier und Hastings werden durch ein Erdbeben der Stärke 7,9 auf der Richterskala und anschließende Großbrände nahezu komplett zerstört. Über 250 Menschen kommen ums Leben.

04. Februar: Guatamala - 1976: Bei einem Erdbeben in Guatemala mit hunderten Erdstößen sterben mehr als 23.000 Menschen.

05. Februar: Kalabrien - 1783: Eine Serie von Erdbeben beginnt, die Messina und besonders Teile Kalabriens heimsucht. Bis zum 28. März werden 300 Dörfer zerstört, etwa 30.000 Menschen verlieren ihr Leben.

06. Februar: Deutschland - 1979: In der Bremer Rolandmühle löst ein Kabelbrand die gewaltigste Staubexplosion durch Mehlstaub in der deutschen Geschichte aus. 14 Tote, 17 zum Teil schwer Verletzte und ein Sachschaden von umgerechnet etwa 50 Millionen Euro sind die Folge.

07. Februar: Australien - 2009: Beginn der Buschfeuer in Victoria. Mindestens

173 Menschen sterben in der bisher größten Brandkatastrophe Australiens.

08. Februar: Iran - 1993: Bei der Kollision einer startenden Tupolew Tu-154 der Iran Airtour mit einer landenden Suchoi Su-22 in Teheran sterben alle 131 Insassen der Tupolew und die beiden Piloten der Suchoi.

09. Februar: Deutschland - 2016: Beim Eisenbahnunfall von Bad Aibling kollidieren auf der Mangfalltalbahn bei Bad Aibling zwei Meridian-Züge der Bayerischen Oberlandbahn (BOB) auf eingleisiger Strecke. 11 Menschen kamen ums Leben, und es gab 18 Schwer- und 63 Leichtverletzte.

10. Februar: Deutschland - 1933: Eine Gasometerexplosion in Neunkirchen (Saar) fordert ca. 68 Opfer und zerstört große Teile der Stadt.

11. Februar: USA - 1907: Der Raddampfer Larchmont der amerikanischen Reederei Joy Steamship Line kollidierte vor der Insel Block Island an der Küste des US-Bundesstaats Rhode Island mit dem Segelschiff Harry Knowlton. Das Schiff wurde fast durchtrennt, während die Kessel explodierten. Nach 15 Minuten ging die Larchmont unter. Nur 17 Menschen überlebten, darunter nur zwei Frauen. Es war das bis heute schwerste Schiffsunglück im Rhode Island Sound.

12. Februar: Iran - 2002: Eine Tupolew Tu-154M der Iran Airtour prallte auf einem Flug von Teheran nach Khorramabad beim Anflug auf Khorramabad gegen einen Berg nahe Sarāb-e Dowreh, Iran. Keine der 119 Personen an Bord überlebte.

13. Februar: China - 1918: Ein Erdbeben der Stärke 7,3 in der Provinz Guangdong, China, fordert etwa 10.000 Todesopfer.

14. Februar: China - 2005: Eine Schlagwetterexplosion in 242 Metern Tiefe führt im Kohlebergwerk Sunjiawan in der chinesischen Provinz Liaoning zu 214 Toten. 336 Bergleute können nach dem Bergwerksunglück gerettet werden.

15. Februar: Russland - 2013: Bei Tscheljabinsk tritt ein Meteor in die Erdatmosphäre ein und explodiert 30 bis 50 Kilometer über dem Erdboden. Die darauffolgende Druckwelle beschädigt rund 3500 Gebäude. 1491 Menschen werden durch umherfliegende Glassplitter verletzt. Es ist der größte Meteor seit dem Eintritt des Tunguska-Meteoriden.

16. Februar: Taiwan - 1998: Ein Airbus A300 der China Airlines verfehlt die

Landebahn in der taiwanischen Hauptstadt Taipeh. Insgesamt sterben 203 Menschen.

17. Februar: Mittelmeer - 1917: Bei der Versenkung des französischen Truppentransporters Athos im östlichen Mittelmeer kommen 754 Besatzungsmitglieder, Soldaten und Passagiere ums Leben.

18. Februar: Kanada - 1942: Der US-amerikanische Zerstörer Truxtun strandet bei schlechtem Wetter während eines Geleiteinsatzes in der Placentia Bay in Kanada, bricht auseinander und sinkt. Über 100 Menschen kommen dabei ums Leben.

19. Februar: Spanien - 1985: Beim Landeanflug auf Bilbao endet der Iberia-Flug 610 in einer Katastrophe. Das Flugzeug verliert nach Kollision mit einer Antennenanlage auf dem Berg Oiz die

linke Tragfläche. Der folgende Absturz kostet alle 148 Insassen das Leben.

20. Februar: USA - 2003: In der US-amerikanischen Kleinstadt West Warwick verursacht die Brandkatastrophe im Nachtclub The Station den Tod von 100 Menschen, 230 werden verletzt.

21. Februar: Indien - 2005: Nach anhaltenden Schneefällen werden bei mehreren Lawinen im indischen Teil Kaschmirs mehr als 100 Menschen getötet.

22. Februar: DDR - 1960: Eine Schlagwetter- und Kohlenstaubexplosion im Steinkohlenwerk Karl Marx in Zwickau fordert 123 Tote. Es handelt sich um das schwerste Bergwerksunglück in der Geschichte der DDR.

23. Februar: Nordsee - 1967: Dem bis heute schwersten Orkan über der Deutschen Bucht und der südlichen Nordsee fallen bei Schiffsuntergängen 80 Seeleute zum Opfer, darunter die Besatzung des Helgoländer Seenotkreuzers Adolph Bermpohl. Ihnen zu Ehren erhält der Orkan vom Hamburger Seewetteramt den Namen Adolph-Bermpohl-Orkan.

24. Februar: Hawaii - 1989: Kurz nach dem Start kommt es an Bord des United-Airlines-Flugs 811 zu einer explosiven Dekompression. Neun Passagiere werden aus dem Flugzeug geschleudert, die Maschine kann aber sicher in Honolulu landen.

25. Februar: Brasilien - 1960: 25. Februar – Eine Douglas DC-3 der brasilianischen REAL kollidierte im Anflug auf den Flughafen Rio de Janeiro-Santos Dumont mit einer Douglas DC-6 der United States Navy. Beide Maschinen

stürzten ab, wobei 61 Menschen getötet wurden: Alle 26 Menschen an Bord der DC-3 sowie 35 von 38 in der DC-6 starben.

26. Februar: Südafrika - 1852: Der Truppentransporter Birkenhead der Royal Navy sinkt vor Südafrika. Nur 193 der 643 Menschen an Bord überleben. Bei der Katastrophe wird statt des bisher gebräuchlichen Rufes: Jeder für sich! erstmals der Ruf: Frauen und Kinder zuerst! verwendet.

27. Februar: Japan - 1964: 27. Februar – Eine Convair CV-240 der japanischen Fuji Airlinesüberrollte bei der Landung auf dem Flughafen Ōita (Japan) das Landebahnende, kollidierte mit Holzstößen hinter der Landebahn und stürzte in das trockene Flussbett des Urakawa. Beim Aktivieren des Umkehrschubs fiel dieser auf der rechten Seite aus, wodurch es zu asymmetrischer Schubverteilung und fehlender

Verzögerung kam. Da auch die Bremsen nicht normal funktionierten, wurde erfolgreich die Notbremse aktiviert. Dies reichte jedoch nicht aus, um das Flugzeug auf der zu dieser Zeit 1080 Meter langen Bahn zu stoppen. Von den 42 Insassen kamen 20 ums Leben, 2 Besatzungsmitglieder und 18 Passagiere. Die übrigen 22 Insassen überlebten.

28. Februar: Australien - 1890: In der Torres-Straße an der Küste von Queensland sinkt das Passagierschiff RMS Quetta nach der Kollision mit einem Unterwasserfelsen. 134 Menschen kommen ums Leben.

29. Februar: Marokko - 1960: Ein Erdbeben der Stärke 5,7 in Agadir, Marokko, fordert 10.000 bis 15.000 Tote.

MÄRZ

01. März: Jemen - 1977: 1. März – Eine Douglas DC-3/C-47A-25-DK der südjemenitischen Alyemda stürzte nach dem Start vom Flughafen Aden ins Meer. Die Maschine befand sich auf dem Flug nach Seiyun. Alle 19 Insassen kamen ums Leben.

02. März: Japan - 1933: Das Shōwa-Sanriku-Erdbeben der Stärke 8,4 auf der Richterskala vor Sanriku, Japan, samt Tsunami fordert 2.990 Todesopfer.

03. März: Deutschland - 2009: Das Historische Archiv der Stadt Köln mit einem Bestand von u. a. 65000 Urkunden ab dem Jahr 922 stürzt ein, vermutlich verursacht durch den direkt benachbarten Schacht der im Bau befindlichen Nord-Süd-Stadtbahn der Kölner Verkehrs-Betriebe. Zwei Menschen sterben und etwa 90 Prozent des Archivmaterials

werden verschüttet und sind zum Teil verloren oder müssen aufwendig restauriert werden.

04. März: Kongo - 2012: Bei Explosionen in Brazzaville, die durch einen Brand in einem Waffenlager ausgelöst wurden, kommen 206 Menschen ums Leben.

05. März: Japan - 1966: Eine Boeing 707 der BOAC (BOAC-Flug 911) bricht im Flug auseinander und prallt gegen den Berg Fuji in Japan. Alle 124 Passagiere sterben.

06. März: Belgien - 1987: Das britische Fährschiff Herald of Free Enterprise kentert vor dem Hafen von Zeebrugge, wobei 193 Menschen sterben.

07. März: Atlantik - 1980: Der Öltanker Tanio bricht in einem Sturm vor der Küste der Bretagne in zwei Teile auseinander. Der entstehende Ölteppich erreicht zwei Tage danach die Küste, wo die Verschmutzung durch Schweröl erst später bekämpft werden kann.

08. März: Pazifik - 1968: Ein sowjetisches U-Boot geht unter ungeklärten Umständen im Pazifik unter. Alle 86 Mann der Besatzung sterben.

09. März: Italien - 1976: Ein Seilbahnunglück in Cavalese, Italien, fordert 42 Todesopfer

10. März: Frankreich - 1906: Eine Explosion unter Tage löst das Grubenunglück von Courrières aus, dem 1.099 Bergleute zum Opfer fallen. Es handelt sich um das schlimmste Grubenunglück in der Geschichte Europas.

11. März: Atlantik - 1841: Der Raddampfer President, das größte Dampfschiff seiner Zeit, legt von New York mit 109 Menschen an Bord in Richtung Liverpool ab. Es wird am 13. März zum letzten Mal gesichtet, danach verschwindet es spurlos auf dem Nordatlantik.

12. März: USA - 1928: Die Staumauer der St.-Francis-Talsperre in der Nähe von Los Angeles bricht. Die Flutwelle tötet zwischen 400 und 500 Menschen.

13. März: Ukraine - 1961: Eine Flutkatastrophe fordert 145 Menschenleben in Babi Jar.

14. März: USA - 1888: Am Ende des drei Tage dauernden Großen Schneesturms an der Ostküste der USA werden rund 400 Tote gezählt.

15. März: Brasilien - 2001: Bei Explosionen auf der Bohrplattform Petrobras 36 des brasilianischen Konzerns Petrobras vor Brasilien kommen mindestens zehn Menschen ums Leben. Die Plattform sinkt in Folge und führt zu einem Ölteppich, der allerdings aufs Meer hinaustreibt.

16. März: Taiwan - 1906: Ein Erdbeben der Stärke 7,1 in Chiayi (Kagi), Taiwan, fordert etwa 1300 Tote.

17. März: Italien - 1800: Beim Untergang des britischen Linienschiffes HMS Queen Charlotte nach einem Brand an Bord vor Livorno sterben 673 Seeleute, nur 156 können gerettet werden.

18. März: USA - 1925: Der Tri-State Tornado zieht durch die US-Bundesstaaten Missouri, Illinois und

Indiana, wo er mindestens 695 Tote und über 2.000 Verletzte fordert. Er ist damit der bisher tödlichste Tornado in der Geschichte der Vereinigten Staaten.

19. März: Finnland - 2004: Das Busunglück bei Konginkangas, bei dem ein mit Papierrollen schwer beladener Sattelzug in einen voll besetzten Reisebus rutscht, ist mit 23 Todesopfern der schwerste Verkehrsunfall in der Geschichte Finnlands.

20. März: Australien - 1912: An der Küste des australischen Bundesstaats Western Australia wird der Passagierdampfer Koombana von einem Zyklon versenkt. Alle 138 Menschen an Bord sterben.

21. März: USA - 1788: Ein Großbrand zerstört nahezu das gesamte Stadtgebiet der Stadt New Orleans. Von den rund

1.100 Gebäuden fallen 856 den Flammen zum Opfer.

22. März: Deutschland - 1944: Bei einem Bombenangriff auf Frankfurt am Main wird die gotische Altstadt fast vollständig vernichtet, 1.001 Menschen sterben.

23. März: Australien - 1911: Der australische Passagierdampfer Yongala geht vor Townsville bei einem Zyklon unter. Alle 122 Menschen an Bord kommen bei einer der größten Schiffskatastrophen Australiens ums Leben.

24. März: England - 1878: Das Schulschiff HMS Eurydice der britischen Royal Navy gerät auf der Fahrt von Bermuda nach Portsmouth in einen Schneesturm und sinkt vor der Isle of Wight. Von den über 350 Männern an Bord überleben nur zwei.

25. März: USA - 1911: Beim Brand der Triangle Shirtwaist Factory in New York City kommen 146 großteils minderjährige Arbeiterinnen ums Leben. Die Leichen werden zum Teil am Arbeitsplatz sitzend vorgefunden, den sie sich nicht zu verlassen getraut haben.

26. März: Deutschland - 1979: Im Nürnberger Ortsteil Katzwang bricht der Main-Donau-Kanal. 120 Häuser werden von den Wassermassen in Mitleidenschaft gezogen, ein Mädchen stirbt, Sachschäden von zwölf Millionen DM entstehen.

27. März: USA - 1964: Das so genannte Karfreitagsbeben mit dem Epizentrum im Prinz-William-Sund in Alaska ist mit 9,2 Punkten auf der Momenten-Magnituden-Skala eines der stärksten Erdbeben in den USA. Bei dem Beben werden 125

Menschen getötet, Tsunamis kommen bis Hawaii und Kalifornien.

28. März: Chile - 1965: Nach einem Erdbeben bricht der Damm bei El Cobre, Chile. Bei dem Dammbruch wird die Stadt verschüttet, mindestens 200 Menschen kommen ums Leben.

29. März: Afrika - 1959: 29. März – Eine Nord Noratlas 2502 der französischen Union Aéromaritime de Transport (UAT) (F-BGZB) stürzte auf dem Flug von Berbérati nach Bangui (beide: Zentralafrikanische Republik) im Dschungel ab. Die Absturzstelle soll nahe Banga, nach anderen Angaben bei Boda oder Boukpayanga gelegen haben. Alle vier Besatzungsmitglieder und fünf Passagiere kamen dabei ums Leben, darunter der Premierminister Barthélemy Boganda, was zu einer Staatskrise führte.

30. März: Bahrain - 2006: Die arabische Fähre Al Dana, eine umgebaute Dau, kenterte vor Manama (Bahrain) aus ungeklärter Ursache, vermutlich infolge von Überladung. Das Schiff war zuvor von einer lokalen Firma zu einer Feierlichkeit angemietet worden, weswegen auch zahlreiche Ausländer unter den Opfern waren. Insgesamt starben 48 Menschen, darunter 12 Briten und 17 Inder. 65 Menschen wurden gerettet.

31. März: Südatlantik - 2017: Der südkoreanische VLOC-Massengutfrachter Stellar Daisy zum Transport von Erz brach bei ruhigem Wetter um Mitternacht im Südatlantik voll beladen auseinander und sank binnen von Minuten. Das Schiff befand sich auf dem Weg von Brasilien nach China. Von den 24 Seeleuten konnten nur zwei geborgen werden. Das Unglück zählt in der Schifffahrt, gemessen an den 148.431 BRZ, zu einem der größten seiner Art.

APRIL

01. April: Hawaii - 1946: Die Stadt Hilo auf Hawai'i wird von einem Tsunami heimgesucht, den ein Erdbeben in der Nähe der Aleuten ausgelöst hat. 159 Menschen sterben, als eine 14 Meter hohe Flutwelle das Land überspült.

02. April: Salomonen - 2007: Ein schweres Seebeben der Stärke 8,1 auf der Momenten-Magnituden-Skala löst einen Tsunami aus, der die Salomonen verwüstet. Die bis zu fünf Meter hohe Flutwelle kostet mindestens 43 Personen das Leben, zerstört 13 Dörfer und macht 5000 Menschen obdachlos.

03. April: Deutschland - 1944: Eine Schlagwetterexplosion in der Zeche Sachsen kostet im westfälischen Heessen 169 Bergleute das Leben.

04. April: Vietnam - 1975: In Saigon sterben kurz nach dem Start 172 von 328 Menschen – die meisten Opfer sind vietnamesische Kinder – beim Absturz eines Flugzeuges.

05. April: Deutschland - 1948: 5. April – Eine Vickers Viking 1B der British European Airways (BEA) kollidierte während des Landeanflugs mit einem sowjetischen Jagdflugzeug des Typs Jakowlew Jak-3 und stürzte außer Kontrolle rund drei Kilometer vom Flugplatz Berlin-Gatow, Deutschland, entfernt ab. Alle 15 Menschen in den beiden Maschinen wurden getötet.

06. April: Italien - 2009: Ein Erdbeben mit Stärke 5,8 bis 6,2 auf der Richterskala erschüttert Mittelitalien. Viele Einwohner werden von einstürzenden Häusern begraben und 294 Menschen sterben, 1000 werden verletzt. 55.000 Menschen sind obdachlos. Das Epizentrum des Bebens liegt bei der Stadt L'Aquila in

Abruzzen nordöstlich von Rom. Die hunderte, teils schwere Nachbeben dauern noch weitere acht Tage an.

07. April: Dänemark - 1990: Auf der zwischen Norwegen und Dänemark verkehrenden dänischen Fähre Scandinavian Star kommt es zu einem Großbrand, bei dem 158 Passagiere ums Leben kommen.

08. April: Persischer Golf - 1961: Auf dem britischen Passagierschiff Dara, das sich auf dem Weg nach Basra befindet, kommt es zu einer heftigen Explosion, in deren Folge ein Feuer an Bord ausbricht. 238 Menschen kommen durch die Detonation, den Brand oder während der Evakuierung ums Leben. Das Schiff sinkt zwei Tage später im Persischen Golf unweit von Dubai.

09. April: USA - 1947: In den US-Bundesstaaten Texas, Kansas und

Oklahoma fordert der Glazier-Higgins-Woodward-Tornado 167 Menschenleben.

10. April: Italien - 1991: Die italienische Fähre Moby Prince kollidiert vor Livorno mit dem Tanker Agip Abruzzo und brennt aus. Dabei kommen 132 Menschen ums Leben.

11. April: USA - 1965: Beim Palmsonntags-Tornado-Outbreak von 1965 ziehen 78 Tornados über den amerikanischen Mittelwesten hinweg. 271 Menschen kommen ums Leben, der Großteil von ihnen im US-Bundesstaat Indiana.

12. April: Deutschland - 1999: In der Nähe des Robert-Daum-Platzes im Wuppertaler Stadtteil Elberfeld ereignet sich der schwerste Unfall der Wuppertaler Schwebebahn, der 5 Tote und 47 Verletzte fordert.

13. April: UDSSR - 1934: Beim Einsturz der in Bau befindlichen Saratower Eisenbahnbrücke über die Wolga sterben ungefähr 150 Menschen.

14. April: Indien - 1944: Der unter anderem mit Sprengstoff und Munition beladene britische Frachter Fort Stikine explodiert im Hafen von Bombay. Die Folgen sind 1500 Tote und Vermisste, 3000 Verletzte, die Zerstörung von 13 Schiffen und ein Gesamtschaden von rund einer Milliarde US-Dollar.

15. April: Südkorea - 2002: Eine Boeing 767 der Air China, aus Peking kommend, stürzt beim letzten Landeanflugversuch auf Busan, Südkorea, in ein Waldgebiet. 128 der 166 Menschen an Bord kommen ums Leben.

16. April: USA - 1947: Die Texas-City-Explosion der mit Ammoniumnitrat beladenen Frachtschiffe Grandcamp und Highflyer im Hafen von Texas City, Texas, führt zu 581 Todesopfern, über 100 Vermissten, 5000 Verletzten, hunderten Obdachlosen und 65 Millionen US-Dollar Schaden. Die Wucht der Explosion lässt Menschen noch im 16 Kilometer entfernten Galveston auf die Knie fallen.

17. April: Russland - 1912: Ein zaristisches Regiment verübt in Bodaibo das Lena-Massaker an streikenden Arbeitern des Bergbauunternehmens Lena Goldfields Ltd. Mindestens 150 Tote und 100 Verwundete bleiben zurück.

18. April: USA - 1906: Bei einem schweren Erdbeben der geschätzten Stärke 7,8 und den daraus resultierenden Bränden wird die kalifornische Stadt San Francisco verwüstet. Dabei sterben zwischen 700 und 3.000 Menschen. Auf

der San-Andreas-Verwerfung entsteht eine deutliche Bruchlinie.

19. April: Guatamala - 1902: Ein Erdbeben der Stärke 7,5 in Guatemala, Mittelamerika, fordert etwa 2.000 Tote.

20. April: Norwegen - 1944: Im Hafen des vom Deutschen Reich besetzten norwegischen Bergen, gegenüber der Festung Bergenhus, explodiert das mit 120 Tonnen Sprengstoff beladene niederländische Frachtschiff Voorbode. Bei der Explosion werden Teile der historischen Stadt zerstört, 150 Menschen kommen ums Leben.

21. April: Frankfurt - 1873: Bei der gewaltsamen Niederschlagung des durch eine Bierpreiserhöhung ausgelösten Frankfurter Bierkrawalls in Frankfurt am Main sterben 20 Menschen, 300 werden festgenommen.

22. April: Nordkorea - 2004: Im Bahnhof der nordkoreanischen Stadt Ryongchŏn kommt es zu einem schweren Zugunglück. Durch die Explosion eines mit Ammoniumnitrat beladenen Zuges werden über 160 Menschen getötet, etwa 1.300 verletzt und ungefähr 40 Prozent der Stadt zerstört.

23. April: Türkei - 1959: 23. April – Eine Avro Tudor IV „Super Trader" der britischen Air Charter Limited auf dem Weg von Ankara nach Bahrain kam bei starkem Wind vom Kurs ab und flog in den 4058 m hohen Berg Süphan (Türkei). Alle zwölf Besatzungsmitglieder der Frachtmaschine kamen bei diesem letzten Unfall einer Avro Tudor ums Leben; das Flugzeug wurde erst nach sechs Tagen gefunden.

24. April: Portugal - 1971: Das portugiesische Küstenmotorschiffs

Angoche kam nicht zur erwarteten Zeit im Zielhafen an und wurde zwei Tage später mit Schlagseite treibend gefunden. Die Besatzung sowie ein Passagier blieben bis heute verschollen.

25. April: Nepal - 2015: Bei einem schweren Erdbeben der Stärke 7,9 sterben in Nepal zahlreiche Menschen. In Kathmandu stürzen viele Gebäude ein, darunter der 61 Meter hohe Dharahara-Turm, Teil des UNESCO-Welterbes.

26. April: Ukraine - 1986: Nahe der ukrainischen Stadt Prypjat ereignet sich mit der Nuklearkatastrophe von Tschernobyl der schwerste auslegungsüberschreitende Störfall („Super-GAU") in der zivilen Nutzung der Kernenergie. Da die Informationsweitergabe nur sehr schleppend geschieht, werden hunderttausende Menschen der Strahlung ausgesetzt. Viele Orte innerhalb eines

zehn Kilometer-Radius sind bis heute Geisterstädte.

27. April: Frankreich - 1895: Die Staumauer der Talsperre von Bouzey bei Épinal in den französischen Vogesen bricht bei einem Hochwasser. Die Katastrophe durch die Flutwelle hat zwischen 86 und 200 Todesopfer zur Folge.

28. April: Hawaii - 1988: Beim Aloha-Airlines-Flug 243 von Hilo nach Honolulu auf Hawaii bricht ein Stück des oberen Rumpfes heraus. Durch die Dekompression des Kabinenraumes wird die Flugbegleiterin Clarabelle Lansing aus dem Flugzeug gesaugt. Trotz der schweren Beschädigungen der Boeing 737-200 können Pilot Robert Schornstheimer und Copilotin Madeline Tompkins das Flugzeug sicher am Flughafen Kahului auf Maui landen.

29. April: Bangladesch - 1991: Der Bangladesch-Zyklon trifft mit Windgeschwindigkeiten bis 260 km/h die Division Chittagong im Südosten Bangladeschs. Der Zyklon verursacht eine 6 Meter hohe Flutwelle, 138.000 Menschen kommen ums Leben, 10 Millionen werden obdachlos.

30. April: Spanien - 1802: Die Talsperre von Puentes in Spanien bricht und verursacht das größte Desaster der spanischen Wasserbau-Geschichte mit 608 Toten.

MAI

01. Mai: Türkei - 2003: Ein Erdbeben der Stärke 6,4 im Osten der Türkei fordert 177 Todesopfer.

02. Mai: Myanmar -2008: Der Zyklon Nargis, ein Zyklon der Stufe 4 auf der Saffir-Simpson-Hurrikan-Windskala, trifft auf die Küste Myanmars und setzt seinen Weg ins Landesinnere fort. Dabei fordert er Zehntausende Menschenleben.

03. Mai: USA - 1901: In einer Matratzenfabrik in Jacksonville, Florida, bricht ein Feuer aus, dem man mit ein paar Eimern Wasser Herr zu werden glaubt. Die Flammen breiten sich rascher aus als gedacht, ein achtstündiger Brand zerstört schließlich 2368 Häuser in der Stadt und macht etwa 10.000 Einwohner obdachlos.

04. Mai: Frankreich - 1897: Der Bazar de la Charité wird in Paris zerstört, als die Wärmeentwicklung eines Cinématographen in einem Anbau Feuer in brennbarem Material auslöst. 129 Menschen sterben, unter ihnen Prinzessin Sophie in Bayern.

05. Mai: Brasilien - 1668: Die portugiesische Galeone Santissimo Sacramento läuft aufgrund eines Navigationsfehlers vor Salvador da Bahia in Brasilien auf ein Riff und sinkt. Von den über 1.000 Menschen an Bord können sich nur 70 retten. Es handelt sich um den folgenschwersten Seeunfall in der Geschichte Brasiliens.

06. Mai: Italien - 1976: Bei einem Erdbeben der Stärke 6,5 in Friaul, Italien, kommen 989 Menschen ums Leben. Die im Epizentrum liegenden Orte Gemona del Friuli und Venzone erleiden schwere Zerstörungen. Sie werden in der Folge nach alten Photos wieder aufgebaut.

07. Mai: China - 2002: Flug 6136 der China Northern Airlines aus Peking stürzt kurz vor der Ankunft in Dalian, Liaoning, Volksrepublik China, ins Meer. Alle 112 Menschen an Bord sterben.

08. Mai: Antillen - 1902: Der Ausbruch des Vulkans Mont Pelé auf der Antillen-Insel Martinique fordert rund 30.000 Menschenleben. Unter anderem wird bei dem verlustreichsten Vulkanausbruch des 20. Jahrhunderts die Stadt Saint-Pierre völlig zerstört.

09. Mai: USA - 1934: In der Dust Bowl im amerikanischen Mittelwesten kommt es zu einem der schwersten Staubstürme der Geschichte, der zwei Tage andauert. Der Staub erreicht am gleichen Tag Chicago, wo mehrere Millionen Tonnen Staub niedergehen, und am Folgetag die amerikanische Ostküste. Im folgenden Winter fällt in New England roter Schnee. Die wirtschaftliche Existenz tausender Farmerfamilien ist durch den Sturm auf einen Schlag gefährdet.

10. Mai: Iran - 1997: Bei einem Erdbeben im Ostiran, das mit einer Stärke

zwischen 7,1 und 7,5 auf der Richterskala angegeben wird, kommen je nach Quelle zwischen 1500 und 4000 Menschen ums Leben.

11. Mai: USA - 1996: Auf dem ValuJet-Flug 592 stürzt eine Douglas DC-9 kurz nach dem Start vom Miami International Airport infolge eines Feuers an Bord in die Everglades, wobei alle 110 Insassen sterben.

12. Mai: Afrika - 2010: Auf dem Afriqiyah-Airways-Flug 771 schlägt ein Airbus A330 bei schlechten Sichtbedingungen während eines Durchstartmanövers vor der Landebahn des Tripoli International Airports auf. Laut amtlichen Angaben kommen 103 Menschen ums Leben.

13. Mai: Japan - 1972: Beim Brand eines Nachtclubs im Obergeschoss eines

Kaufhauses in Osaka, Japan, sterben 119 Menschen.

14. Mai: China - 1997: Schwere Unwetter in den Provinzen Yunnan und Guangdong in der Volksrepublik China fordern etwa 290 Tote.

15. Mai: Norwegen - 1950: 15. Mai – Eine Short Sandringham der Scandinavian Airlines (LN-IAU) stürzte kurz nach dem Start am damaligen Seeflughafen Harstad/Narvik auf dem Weg zum Flughafen Tromsø ins Meer zurück und sank eine Stunde später. Alle 33 Insassen (7 Besatzungsmitglieder und 26 Passagiere) überlebten.

16. Mai: Schweden - 1702: In Uppsala wütet ein Brand, der die Stadt größtenteils zerstört. Schloss, Domkirche und mehrere Universitätsgebäude sind ebenfalls von den Flammen erfasst. Berichte über Opfer gibt es nicht, doch sind der materielle

Schaden und der Verlust kultureller Schätze beträchtlich.

17. Mai: USA - 1849: Große Teile von St. Louis, Missouri, werden durch einen Großbrand zerstört. Drei Menschen kommen ums Leben, 430 Gebäude und zahlreiche Mississippi-Dampfschiffe fallen dem Brand zum Opfer.

18. Mai: Russland - 1896: Bei einer Massenpanik am Chodynka-Feld in Moskau während der Krönungsfeiern für den russischen Zaren Nikolaus II. kommen 1389 Menschen ums Leben.

19. Mai: Bangladesh - 1997: In Bangladesh verursacht ein schwerer Wirbelsturm über 500 Tote, tausende Verletzte und etwa 2,5 Millionen Obdachlose.

20. Mai: Schweiz - 1515: Der nach dem Bergsturz Buzza de Biasca entstandene Geröllldamm bricht unter dem Druck von Wassermassen eines vom Brenno gebildeten Sees. Die Überschwemmung erreicht die Magadinoebene sowie den Lago Maggiore und zerstört die Infrastruktur im Valle di Blenio nachhaltig.

21. Mai: USA - 1917: In Atlanta entsteht ein Großbrand, der 1938 Gebäude vernichtet und etwa 10.000 Menschen obdachlos macht. Es ist jedoch nur ein Todesopfer zu beklagen.

22. Mai: Belgien - 1967: Im Brüsseler Kaufhaus À l'innovation bricht ein Feuer aus. Zu der Zeit befinden sich etwa 4000 Menschen in dem Gebäude. Das Fehlen einer Sprinkleranlage begünstigt die rasche Ausbreitung des Feuers, das Kaufhaus brennt bis auf die Grundmauern nieder. Insgesamt kommen bei dem Unglück 322 Menschen ums Leben, der

Sachschaden beläuft sich auf über 85 Millionen Euro.

23. Mai: Jugoslawien - 1971: Beim Endanflug auf den Flughafen Rijeka (Jugoslawien) geriet die vom London Gatwick Airport kommende Tupolew Tu-134 A mit dem Kennzeichen der jugoslawischen Charterfluggesellschaft Aviogenex in Schlechtwetter-Turbulenzen, durch die laut Flugunfalluntersuchung bei den Piloten die optische Illusion entstand, sich näher und in größerer Höhe zur Landebahn zu befinden, als es tatsächlich der Fall war, weshalb das Flugzeug bei Bodenberührung noch eine Geschwindigkeit von 260 km/h hatte. Durch die harte Landung brach der rechte Flügel ab und der entweichende Treibstoff führte zu einem Großbrand, durch den 75 der 76 Passagiere sowie 3 der 7 Besatzungsmitglieder starben.

24. Mai: Türkei - 2006: Am Istanbuler Flughafen Atatürk brennt der Terminal C (Frachtterminal) ab.

25. Mai: USA - 1979: Ein Verkehrsflugzeug vom Typ McDonnell Douglas DC-10 verliert während des Starts vom O'Hare International Airport in Chicago, Illinois, ein Triebwerk und stürzt ab. Alle 271 Menschen an Bord sowie zwei am Boden sterben. Der Absturz von American-Airlines-Flug 191 ist bis heute der schwerste Flugunfall in den Vereinigten Staaten.

26. Mai: USA - 1917: Die Stadt Mattoon im US-Bundesstaat Illinois wird von einem Tornado der Stärke F4 nach der Fujita-Skala verwüstet, der 101 Menschenleben fordert. Im nahegelegenen Charleston kommen weitere 50 Menschen ums Leben.

27. Mai: England - 1915: Die Explosion der Seeminen auf dem britischen Minenleger Princess Irene im Hafen von Sheerness fordert 400 Tote, Besatzung und Hafenarbeiter, und den Totalverlust des Schiffes. Nur der Dockarbeiter David Wills überlebt das Desaster.

28. Mai: Russland - 1995: Ein Erdbeben der Stärke 7,5 erschüttert die Stadt Neftegorsk auf Sachalin, Russland, ca. 2000 Tote.

29. Mai: Kanada - 1914: Der Passagierdampfer Empress of Ireland, unterwegs von Québec nach Liverpool, wird im dichten Nebel bei Pointe-au-Père vom Kohlefrachter Storstad gerammt und sinkt – über 1000 Menschen sterben.

30. Mai: Pakistan - 1935: Ein Erdbeben der Stärke 7,5 zerstört die Stadt Quetta in der Provinz Belutschistan, Pakistan, etwa 50.000 Tote.

31. Mai: Böhmen - 1892: Unvorsichtiges Handhaben einer Grubenlampe verursacht in der Příbramer Grube Marie einen Grubenbrand auf der 29. Sohle in 950 m Tiefe. Dabei kommen 319 Bergleute ums Leben. Es ist das bis dato weltweit schwerste Grubenunglück.

JUNI

01. Juni: Deutschland - 1988: Beim Grubenunglück von Stolzenbach (Borkener Braunkohlerevier) kommen durch eine Kohlenstaubexplosion 51 Bergleute ums Leben. Sechs Bergleute überleben in 150 Metern Tiefe in einer Luftblase und werden über ein gebohrtes Entlüftungsrohr 65 Stunden nach dem Unglück von einem Mikrofon des

Hessischen Rundfunks geortet und am 4. Juni gerettet.

02. Juni: Indonesien - 1994: Ein Erdbeben der Stärke 7,8 auf Java, Indonesien, fordert 277 Menschenleben.

03. Juni: Guatamala - 2018: Beim Ausbruch des Feuervulkans Volcán de Fuego in Guatemala, rund 4 Kilometer südwestlich der Hauptstadt Guatemala-Stadt, kommen mindestens 114 Menschen ums Leben, mehr als 300 werden verletzt, aus den umliegenden Gebieten rund um den Vulkan müssen mehr als 3200 Menschen ausquartiert werden.

04. Juni: UdSSR - 1989: Beim Eisenbahnunfall bei Ufa, Sowjetunion sterben 645 Menschen, als zwei sich begegnende Züge durch Funkenflug eine Gasexplosion an einer undichten Pipeline auslösen.

05. Juni: Indonesien - 2000: Ein Erdbeben der Stärke 7,9 auf Sumatra hinterlässt über 100 Tote.

06. Juni: Deutschland - 1931: Der Münchner Glaspalast wird durch Brandstiftung ein Raub der Flammen. 3000 Gemälde einschließlich der kompletten Werke der Sonderausstellung Deutsche Romantiker verbrennen mit dem Ausstellungsgebäude.

07. Juni: Kanada - 1832: Eine Cholera-Epidemie in Québec (Kanada) fordert 6000 Tote.

08. Juni: USA - 1953: Die Stadt Flint im US-Bundesstaat Michigan wird von einem Tornado getroffen, der 115 Menschenleben kostet und Verletzungen von 844 Personen hervorruft.

09. Juni: Indien - 1998: Ein Zyklon im indischen Bundesstaat Gujarat zerstört tausende Gebäude und hat rund 3000 Tote und 100.000 Obdachlose zur Folge.

10. Juni: Neuseeland - 1886: Ein Ausbruch des Vulkans Mount Tarawera auf der Nordinsel Neuseelands führt zu Verwüstungen, zerstört das Māori-Dorf Te Wairoa am Lake Tarawera und kostet insgesamt mehr als 150 Menschen das Leben.

11. Juni: Iran - 1981: Ein Erdbeben der Stärke 6,9 im Iran fordert ca. 3000 Todesopfer.

12. Juni: Bahrain - 1950: 12. Juni – Eine aus Karatschi kommende Douglas DC-4-1009 der Air France (F-BBDE) flog im Anflug auf den Flughafen Bahrain 5,5 Kilometer vom Zielflughafen entfernt ins

Wasser. Von den 52 Insassen wurden 46 getötet. Als beitragender Unfallfaktor wurde Übermüdung der Piloten festgestellt.

13. Juni: Kolumbien - 1951: 13. Juni – Eine Douglas DC-3/C-47A-50-DL auf einem Frachtflug der kolumbianischen SAM Colombia (Sociedad Aeronáutica de Medellín) (HK-504) kehrte nach dem Start aufgrund einer Luftnotlage zum Flughafen Enrique Olaya Herrera, Kolumbien zurück. Dabei kollidierte sie mit einem Fabrikschornstein und stürzte ab. Beide Besatzungsmitglieder starben, außerdem eine Person am Boden.

14. Juni: England - 2017: Beim Brand des 24-stöckigen Grenfell Towers in London kommen 71 Bewohner ums Leben.

15. Juni: USA - 1904: Auf dem East River in New York sinkt nach einem Brand

der von der Markusgemeinde in Kleindeutschland gecharterte Raddampfer General Slocum mit 1388 Personen an Bord. Mindestens 1021 Menschen kommen ums Leben.

16. Juni: USA: 1966: Der Tanker Texaco Massachusetts kollidiert vor Manhattan mit dem britischen Tanker Alva Cape, beladen mit Naphtha, und löst damit eine Brandkatastrophe aus, bei der 33 Menschen ums Leben kommen.

17. Juni: Frankreich - 1940: Deutsche Bomber versenken vor der französischen Küste bei Saint-Nazaire den zur Evakuierung britischer Truppen aus Frankreich eingesetzten Passagierdampfer RMS Lancastria mit etwa 6000 Menschen an Bord. Die Angaben über die Anzahl der Opfer schwanken zwischen 2000 und 4000 Toten. Es handelt sich um den verlustreichsten Schiffsuntergang der britischen Geschichte, der jedoch auf

Befehl Winston Churchills zunächst geheim gehalten wird.

18. Juni: Indonesien - 1988: 18. Juni – Kurz vor der Landung einer Vickers Viscount 828 der indonesischen Merpati Nusantara Airlines (PK-MVG) am Flughafen Medan-Polonia fiel die Hydraulik aus. Das kaum noch steuerbare Flugzeug rollte rechts von der Landebahn herunter und wurde schwer beschädigt. Alle 48 Insassen überlebten den Unfall. Nach einem Überführungsflug nach Jakarta-Cengkareng wurde ein wirtschaftlicher Totalschaden festgestellt.

19. Juni: Böhmen - 1945: Beim Massaker von Prerau ermorden tschechoslowakische Soldaten 265 Zivilisten eines Flüchtlingstransportes.

20. Juni: Irland - 1631: Korsaren aus Nordafrika überfallen den südirischen

Hafenort Baltimore und verschleppen über 100 Bewohner in die Sklaverei.

21. Juni: Iran - 1990: Das Manjil-Rudbar-Beben im Iran erreicht die Stärke 7,7 und fordert 40.000 bis 50.000 Tote. Drei Städte und über 700 Dörfer werden zerstört.

22. Juni: USA - 1949: 22. Juni – Bei einer Convair CV-240-0 der American Airlines fiel beim Start vom Flughafen Memphis-Municipal (Tennessee, USA) das Triebwerk Nummer 2 (rechts) aus. Um Stromleitungen auszuweichen zogen die Piloten die Nase des Flugzeugs zu hoch, worauf es gut 5 Kilometer ost-nordöstlich des Flughafens zu einer Bauchlandung im Gelände kam. Alle 44 Insassen überlebten. Dies war der erste Totalschaden einer Convair CV-240.

23. Juni: Atlantik - 1985: Air-India-Flug 182 der indischen Luftfahrtgesellschaft Air

India stürzt nach einer Bombenexplosion in den Atlantik. Dabei sterben alle 329 Menschen an Bord der Boeing 747.

24. Juni: USA - 1950: Eine Douglas DC-4 der US-amerikanischen Northwest Orient Airlines (N95425) stürzte beim Durchflug einer Gewitterlinie ca. 30 km nördlich von Benton Harbor in den Lake Michigan, USA. Alle 58 Insassen kamen ums Leben. Es war zu dieser Zeit der schwerste Verkehrsflugzeugunfall in den USA.

25. Juni: Neurguinea - 1976: Ein Erdbeben der Stärke 7,1 auf Neuguinea fordert 422 Tote.

26. Juni: UdssR - 1973: Neun Menschen sterben bei der Explosion einer zum Start aufgetankten Kosmos-3M Rakete auf dem Raketenstartplatz Plessezk.

27. Juni: USA - 1957: 500 Menschen fallen dem Hurrikan Audrey in Louisiana und Texas zum Opfer.

28. Juni: Japan - 1948: Ein Erdbeben der Stärke 7,3 in Fukui, Japan, fordert 5390 Todesopfer.

29. Juni: Mecklenburg - Vorpommern - 1764: Die Region Woldegk (Norddeutschland) wird von einem verheerenden Tornado der in Deutschland selten vorkommenden Klasse F5 heimgesucht.

30. Juni: USA - 1956: Bei der Flugzeugkollision über dem Grand Canyon stoßen im nicht überwachtem Luftraum eine Super Constellation und eine DC-7 zusammen. Alle 128 Insassen in beiden Flugzeugen sterben.

JULI

01. Juli: Deutschland - 2002: Bei der Flugzeugkollision von Überlingen stoßen ein russisches Passagierflugzeug vom Typ Tupolew Tu-154 und eine Frachtmaschine der DHL vom Typ Boeing 757 in 11.000 m Höhe über dem Bodensee bei Überlingen zusammen und stürzen ab. Es gibt 71 Tote. Es ist das schwerste Flugzeugunglück über Deutschland in neuerer Zeit.

02. Juli: Kongo - 2010: Im kongolesischen Ort Sange (Südkivu) fordert die Explosion eines verunglückten, mit Motorenbenzin beladenen Tankwagens letztlich 271 Tote und über 150 Verletzte.

03. Juli: Persischer Golf - 1988: Der zivile Iran-Air-Flug 655, ein Airbus A300

mit 290 Menschen an Bord, wird über dem Persischen Golf von Raketen des US-amerikanischen Kreuzers USS Vincennes abgeschossen. Es gibt keine Überlebenden.

04. Juli: Russland - 2001: Eine Tupolew Tu-154 der Vladivostok Avia stürzt beim dritten Landeanflugversuch bei Irkutsk ab. Alle 145 Menschen an Bord sterben.

05. Juli: Kanada - 1970: 5. Juli – Eine Douglas DC-8-63 der Air Canada (CF-TIW) stürzte auf dem Flug von Montreal nach Toronto (Kanada) rund 10 Kilometer nordwestlich des Flughafens Toronto ab, nachdem die Maschine zuvor beim Durchstarten hart auf die Landebahn geprallt war und ein Triebwerk verloren hatte. Alle 109 Insassen kamen ums Leben.

06. Juli: Nordsee - 1988: Die Ölbohrinsel Piper Alpha in der Nordsee

wird durch eine Explosion und den darauf folgenden Brand zerstört, 167 Arbeiter werden getötet.

07. Juli: Sudan - 2003: Bei Bur Sudan stürzt eine kurz zuvor gestartete Boeing 737 der Sudan Airways etwa 5 km nach der Start- und Landebahn ab. 116 Personen sterben, ein Kind soll überlebt haben.

08. Juli: Kanada - 1965: Nach der Explosion einer Sprengladung brach das Heck einer Douglas DC-6B der Canadian Pacific Airlines (CF-CUQ) im Flug ab. Die Maschine befand sich auf dem Flug von Vancouver (British Columbia, Kanada) nach Prince George. Alle 52 Menschen an Bord starben.

09. Juli: USA - 1994: Durch Hochwasser, das vom Hurrikan Alberto ausgelöst wurde, kommt es zu einem Dammbruch am Lake Blackshear (Flint

River Dam) bei Warwick im Crisp County in Georgia, USA mit 15 Toten. Rund 25.000 Personen müssen ihre Häuser verlassen.

10. Juli: Deutschland - 1968: Ein für Deutschland ungewöhnlich heftiger Tornado der Stärke F4 richtet in der Stadt Pforzheim und dem Umland erhebliche Schäden an Fahrzeugen und Gebäuden an. Zwei Menschen sterben, über 200 Menschen werden verletzt.

11. Juli: Frankreich - 1973: Auf dem VARIG-Flug 820 erstickten 122 Insassen durch ein Feuer an Bord der in Rio de Janeiro gestarteten Boeing 707. Bei der Außenlandung 5 km vor dem Zielflughafen Paris-Orly kommt zusätzlich noch ein weiteres Besatzungsmitglied ums Leben.

12. Juli: Deutschland - 1984: München und seine östliche Umgebung werden

durch das schlimmste Hagelunwetter seit Menschengedenken in Mitleidenschaft gezogen. 300 Verletzte und insgesamt etwa 1,5 Milliarden Euro Sachschäden an Autos, Gebäuden und anderen Gegenständen zählen zur Bilanz des Schreckens.

13. Juli: Indien - 2000: Ein durch starke Regenfälle ausgelöster Erdrutsch begräbt das Armenviertel von Bombay, Indien und fordert etwa 250 Todesopfer.

14. Juli: Frankreich - 2016: Bei einem islamistisch motivierten Lastwagen-Anschlag in Nizza sterben mindestens 86 Menschen und Hunderte werden verletzt.

15. Juli: USA - 1982: Der Lawn-Lake-Staudamm in den Rocky Mountains in Colorado, USA bricht. Die ausgelöste Flutwelle kostet drei Menschenleben und verursacht einen Sachschaden von 21 bis 31 Mio. USD.

16. Juli: Deutschland - 1945: Auf der Bahnstrecke München–Rosenheim muss zwischen den Stationen Aßling und Oberelkofen ein Zug wegen Lokschaden anhalten, der mit ins Rheinland und nach Westfalen zurückkehrenden Kriegsgefangenen besetzt ist. Ein Güterzug mit Militärmaterial für die amerikanische Besatzungsmacht fährt auf den stehenden Zug auf. Die genaue Zahl der Opfer schwankt je nach Quellenlage von 102 bis 106 Getöteten.

17. Juli: Österreich - 1998: Beim größten Grubenunglück der österreichischen Nachkriegszeit in Lassing (Steiermark) kommen 10 Bergleute ums Leben; wie durch ein Wunder kann ein Mann nach 9 Tagen gerettet werden.

18. Juli: Japan - 2019: Beim Brandanschlag auf Kyōto Animation

werden 36 Menschen getötet und weitere 34 verletzt, das Animationsstudio so schwer in Mitleidenschaft gezogen, dass es wenige Monate später abgerissen wird. Es handelt sich um einen der verlustreichsten Anschläge der japanischen Nachkriegsgeschicht.

19. Juli: Rom - 64: In Rom wütet ein Großbrand, der mehrere Tage anhält und drei Stadtteile komplett in Asche legt. Am Brand von Rom gibt der römische Kaiser Nero den Christen die Schuld und lässt etliche von ihnen hinrichten.

20. Juli: Indien - 1944: Die Gesundheitsbehörden in Bombay geben bekannt, dass eine Cholera-Epidemie in den vergangenen drei Monaten 34.000 Menschenleben gefordert hat.

21. Juli: Deutschland - 1902: Der Vergnügungsdampfer Primus sinkt nach einer Kollision mit dem Schlepper Hansa

auf der Niederelbe bei Hamburg. 101 von 206 Passagieren kommen ums Leben.

22. Juli: Norwegen - 2011: Bei zwei Anschlägen in Norwegen sterben 77 Menschen, Dutzende werden verletzt. Im Regierungsviertel in Oslo ereignet sich ein Bombenanschlag, auf der Insel Utøya ein Attentat in einem Feriencamp der norwegischen Jungsozialisten (AUF). Der Attentäter ist der Norweger Anders Behring Breivik.

23. Juli: Algerien - 1964: Der mit Munition beladene ägyptische Frachter Star of Alexandria explodiert im Hafen der algerischen Stadt Bône. Der folgenschwere Unfall fordert über 100 Tote und etwa 160 Verletzte. Der Schaden wird auf 20 Millionen US-Dollar geschätzt.

24. Juli: Spanien - 2013: Beim Eisenbahnunfall von Santiago de Compostela sterben 79 Personen; über

140 weitere Insassen des Zuges werden verletzt.

25. Juli: Atlantik - 1956: Das italienische Kreuzfahrtschiff Andrea Doria kollidiert vor der US-Küste mit dem Passagierschiff Stockholm und sinkt am nächsten Tag. Bei der Kollision kommen 46 Passagiere ums Leben.

26. Juli: Jugoslawien - 1963: Bei einem Erdbeben der Stärke 6,0 in Skopje, Jugoslawien, kommen etwa 1.100 Menschen ums Leben.

27. Juli: Ukraine - 2002: Beim Flugtagunglück von Lemberg sterben 85 Menschen, über 100 werden verletzt. Es ist die bislang schwerste Katastrophe bei einer Kunstflugvorführung.

28. Juli: Rügen - 1912: Nach dem Einsturz der Seebrücke von Binz auf Rügen ertrinken 17 Menschen in der Ostsee, Dutzende weitere werden verletzt. Der Vorfall führt im folgenden Jahr zur Gründung der Deutschen Lebens-Rettungs-Gesellschaft e. V.

29. Juli: Pazifik - 1967: Die US-Marine wird von der Forrestal-Katastrophe heimgesucht. Ein Brand mit Explosionen auf dem Flugzeugträger USS Forrestal, ausgelöst durch eine fehlgezündete Rakete, kostet 134 Menschen das Leben.

30. Juli: Belgien - 2004: In dem belgischen Dorf Ghislenghien explodiert eine Gas-Pipeline. 24 Menschen sterben, 132 weitere Menschen werden teilweise schwer verletzt.

31. Juli: Frankreich - 1982: Auf der französischen Autoroute A 6 kommt es

zum Busunfall von Beaune, bei dem 53 Menschen ums Leben kommen.

AUGUST

01. August: Paraguay - 2004: Beim Brand eines Supermarktes in Asunción (Paraguay) sterben 396 Menschen.

02. August: Chile - 1947: Absturz der Star Dust: Eine Avro 691 mit zwölf Menschen an Bord verschwand unter rätselhaften Umständen in den chilenischen Anden – und blieb über 50 Jahre verschollen.

03. August: Afrika - 1975: Eine Boeing 707 prallt bei Agadir gegen einen Berg. Niemand der 188 Menschen an Bord überlebt.

04. August: Spanien - 1906: Der italienische Passagierdampfer Sirio rammt vor Cabo de Palos an der Südküste Spaniens ein Riff und kentert innerhalb weniger Minuten. 442 Passagiere und Besatzungsmitglieder ertrinken.

05. August: Deutschland - 1944: Ein schwerer alliierter Luftangriff auf Magdeburg kostet 683 Menschenleben und führt zum Verlust von Wohnungen für etwa 13.000 Einwohner.

06. August: Japan - 1945: Ein US-amerikanische Bomber wirft über der japanischen Stadt Hiroshima Little Boy ab, die erste je in einem Krieg eingesetzte Atombombe. 90.000 bis 200.000 Menschen sind sofort tot. Die Überlebenden der Atombombenabwürfe auf Hiroshima und Nagasaki werden in Japan als Hibakusha bezeichnet.

07. August: Deutschland - 1905: Der Eisenbahnunfall von Spremberg war der Frontalzusammenstoß zweier Schnellzüge am 7. August 1905 nach einem Fehler des unter Alkoholeinfluss stehenden Fahrdienstleiters des Bahnhofs Spremberg. 19 Menschen starben.

08. August: Deutschland - 1975: Ausbruch des Brandes in der Lüneburger Heide. Er wird in den nächsten Tagen über 8.000 Hektar Wald und einige Gebäude vernichten sowie 7 Menschen das Leben kosten.

09. August: Japan - 1945: Abwurf auf Nagasaki: Aufgrund starker Bewölkung wird die zweite Atombombe des Zweiten Weltkriegs, Fat Man, nicht über dem ursprünglichen Ziel Kokura abgeworfen, sondern über der Mitsubishi-Waffenfabrik nahe Nagasaki. 70.000 Menschen sind sofort tot.

10. August: USA - 1856: Ein Hurrikan tötet in Louisiana ca. 400 Menschen.

11. August: Indien - 1979: Im indischen Bundesstaat Gujarat ereignet sich bei der Stadt Morvi ein Bruch der Machhu-II-Talsperre nach schweren Regenfällen. Die ausströmenden Wassermassen der Stauanlage kosten zwischen 2.000 und 2.500 Menschen das Leben. Unwetter und Stürme in jener Zeit verursachen in dieser Region etwa 30.000 Tote insgesamt.

12. August: Griechenland - 1953: Das schwere Erdbeben auf Kefalonia und Zakynthos 1953 zerstört beide Inseln nahezu völlig.

13. August: Adria - 1914: Der Passagierdampfer Baron Gautsch des Österreichischen Lloyd läuft an der Küste von Istrien auf eine Seemine und sinkt,

147 Passagiere und Besatzungsmitglieder sterben.

14. August: Italien - 2018: In der italienischen Hafenstadt Genua stürzt das Polcevera-Viadukt, eine innerstädtische Autobahnbrücke der Autostrada A10, teilweise ein; 43 Menschen kommen ums Leben.

15. August: Indien - 1950: Ein Erdbeben der Stärke 8,6 im indischen Assam fordert 1.530 Menschenleben.

16. August: Philippinen - 1976: Ein Erdbeben der Stärke 7,9 fordert in Mindanao auf den Philippinen etwa 8.000 Menschenleben.

17. August: Deutschland - 1974: Das Hagelunwetter vom 16./17. August 1974 richtet in Norddeutschland und Bayern

Schäden von mindestens 150 Millionen DM an.

18. August: Berlin - 1843: Die Königliche Oper in Berlin wird durch einen Brand vollständig zerstört.

19. August: Sachsen - 1867: Ein Großbrand vernichtet fast ganz Johanngeorgenstadt.

20. August: Wales - 1868: Beim Eisenbahnunfall von Abergele sterben 33 Menschen in den Trümmern des anschließenden Brandes. Es handelt sich um den zu diesem Zeitpunkt schwersten Eisenbahnunfall in der britischen Geschichte.

21. August: USA - 1863: Im Massaker von Lawrence während des Amerikanischen Bürgerkrieges wird die

Stadt Lawrence in Kansas, eine Hochburg der Sklavereigegner, von prosüdlichen Guerillakämpfern unter William Clark Quantrill angegriffen. 183 Bewohner werden getötet und ein Viertel der Häuser niedergebrannt.

22. August: Nepal - 2002: In Nepal prallt eine mit überwiegend deutschen Passagieren besetzte DHC-6-300 Twin Otter der Shangri-La Air bei schlechtem Wetter gegen ein Bergmassiv. Alle Insassen kommen bei dem Absturz ums Leben.

23. August: Indien - 1950: Der Subansiri-Dammbruch verursacht in Indien eine sieben Meter hohe Flutwelle, die in mehreren Dörfern insgesamt 532 Menschen in den Tod reißt.

24. August: Wales - 1848: Vor Llandudno an der walisischen Küste geht die Bark Ocean Monarch in Flammen auf.

In der Nähe befindliche Schiffe können 208 Menschen retten, doch 178 Passagiere und Besatzungsmitglieder kommen um.

25. August: Deutschland - 1929: Am Morgen des 25. August ereignet sich das größte Zugunglück der 1920er und 1930er Jahre in Deutschland: der Eisenbahnunfall von Buir. Es sterben 16 Menschen, mehr als 50 werden ernsthaft verletzt.

26. August: Indonesien - 1883: Ausbruch des Vulkans Krakatau, der am folgenden Tag in sich zusammenstürzen wird. Die Katastrophe verursacht eine Reihe gigantischer Flutwellen (Tsunamis) an den Küsten von Java und Sumatra. Tausende Menschen ertrinken in den Fluten.

27. August: Deutschland - 1955: Ganz Mitteleuropa wird von schweren Unwettern heimgesucht. In Deutschland

kommen bei sehr blitzintensiven Gewittern mindestens 12 Menschen ums Leben. In Norddeutschland werden 40 Bauernhöfe durch Blitzschlag zerstört, viele weitere Gebäude schwer beschädigt. Allein in Schleswig-Holstein werden über 100 Stück Vieh auf den Weiden von Blitzen erschlagen. Die Brandschäden in Norddeutschland liegen bei über fünf Mio. DM.

28. August: Deutschland - 1988: Flugtagunglück von Ramstein: Drei Jets der italienischen Kunstflugstaffel Frecce Tricolori stoßen bei einer Flugshow auf dem Stützpunkt Ramstein Air Base zusammen. Während zwei der Jets im Bereich des Rollfeldes aufprallen, stürzt eine Maschine in die Zuschauermenge. Von den über 300.000 Zuschauern sterben 31 sofort, in der Folge 39 weitere; über 500 werden verletzt.

29. August: Kanada - 1907: Die Québec-Brücke über den Sankt-Lorenz-

Strom stürzt noch während des Baus ein. 75 Bauarbeiter kommen ums Leben.

30. August: Jugoslawien - 1974: In Zagreb entgleist ein Zug wegen überhöhter Geschwindigkeit in einer Kurve. 153 Menschen sterben bei der Eisenbahnkatastrophe.

31. August: Deutschland - 1952: Auf dem Grenzlandring kommt es mit mindestens 13 Toten zum schwersten Unfall der deutschen Motorsport-Geschichte.

SEPTEMBER

01. September: USA - 1894: Ein Waldbrand bei Hinckley (Minnesota) fordert mehr als 400 Menschenleben.

02. September: Deutschland - 2004: Im Dachstuhl der Herzogin Anna Amalia Bibliothek in Weimar bricht ein um sich greifender Brand aus. 50.000 Bände der Bibliothek verbrennen, weitere 62.000 werden durch Feuer und Löschwasser beschädigt.

03. September: England - 1878: Der britische Ausflugsdampfer Princess Alice kollidiert auf der Themse mit dem Kohlenfrachter Bywell Castle und sinkt in vier Minuten. 640 Menschen sterben. Es handelt sich um das bis heute schwerste Schifffahrtsunglück in britischen Inlandgewässern.

04. September: Griechenland - 1890: Ein Großbrand verursacht schwere Schäden in der griechischen Stadt Thessaloniki. Das europäische Viertel brennt vollständig nieder. 20.000 Menschen werden obdachlos.

05. September: Indonesien - 2005: Der Mandala-Airlines-Flug 91 endet nach dem Start in Medan auf der indonesischen Insel Sumatra mit einem Absturz in ein Wohngebiet. 101 Flugzeuginsassen und 47 Stadtbewohner sterben.

06. September: Atlantik - 1870: Beim Untergang der HMS Captain vor Kap Finisterre in einem Orkan kommen fast 500 Menschen ums Leben.

07. September: Grenada - 2004: Der Hurricane Ivan trifft auf Grenada und zerstört 85 % der Häuser auf der Insel. 39 Menschen kommen ums Leben.

08. September: USA - 1900: Der sogenannte Galveston Hurrikan zerstört die texanische Stadt Galveston, die in der Folge zu wirtschaftlicher Bedeutungslosigkeit herabsinkt. Offizielle Berichte schätzen die Anzahl der Toten auf 8.000.

09. September: Florida - 1919: Der spanische Passagierdampfer Valbanera gerät vor Havanna in den Florida-Keys-Hurrikan und verschwindet spurlos. Erst zehn Tage später wird das Wrack des Schiffs gefunden. Von den 488 Passagieren und Besatzungsmitgliedern fehlt jede Spur; es werden weder Überlebende noch Leichen geborgen.

10. September: Rumänien - 1989: Ein bulgarischer Schlepper kollidiert auf der Donau bei Galați bei widriger Sicht mit dem rumänischen Fahrgastschiff Mogoșoaia. Die Schiffshavarie hat 207 Tote zur Folge.

11. September: Guatamala - 1541: Der Volcán de Agua birst und zerstört mit einer Geröll- und Schlammlawine die guatemaltekische Hauptstadt, den heutigen Vorort Ciudad Vieja. Mehrere hundert Menschen sterben.

12. September: Guadeloupe - 1928: Der Okeechobee-Hurrikan kostet auf Guadeloupe rund 1200 Menschenleben.

13. September: Atlantik - 1858: Bei dem durch ein Feuer an Bord verursachten Untergang des deutschen Passagierdampfers Austria sterben 471 Passagiere und Besatzungsmitglieder.

14. September: Konstantinopel - 1509: Ein Erdbeben zerstört Teile von Konstantinopel und fordert etwa 13.000 Tote.

15. September: Wien - 1590: Ein Erdbeben der geschätzten Stärke 6,0 nach Richter südlich von Neulengbach erschüttert Wien und Niederösterreich.

16. September: Iran - 1978: Bei einem Erdbeben mit der Stärke 7,8 bei Tabas im Iran sterben ca. 20.000 Menschen.

17. September: Kanada - 1949: Der kanadische Passagierdampfer SS Noronic brennt über Nacht im Hafen von Toronto ab, 122 Menschen sterben.

18. September: Philippinen - 1998: Die Princess of the Orient, die größte in den Philippinen verkehrende Fähre kentert bei starkem Wind und hohem Wellengang nach einem Taifun. 150 der 388 Passagiere verlieren ihr Leben.

19. September: Brasilien - 1981: Das brasilianische Flusspassagierschiff Sobral Santos kentert auf dem Amazonas. 300 Menschen sterben.

20. September: Tansania - 2018: Etwa 50 Meter von der Anlegestelle in Ukara entfernt kentert die mit mehr als 400 Personen völlig überladene Fähre Nyerere auf dem Victoriasee in Tansania. 224 Tote werden geborgen, mindestens 40 Menschen können gerettet werden.

21. September: USA - 1938: Der Neuengland-Hurrikan trifft von Nordost Long Island bei New York. Durch den Hurrikan kommen zwischen 682 und 800 Menschen ums Leben, mehr als 57.000 Häuser werden beschädigt oder zerstört. Der Sachschaden wird auf 306 Millionen US-Dollar geschätzt.

22. September: Deutschland - 2006: Bei einem Zusammenstoß des Transrapid auf der Versuchsstrecke bei Lathen im Emsland mit einem Werkstattwagen sterben 23 Menschen, 10 Personen werden verletzt. Das gilt als der schwerste Unfall seit Einführung der Magnetschwebetechnik.

23. September: Deutschland - 1954:Bei der Tanklagerexplosion bei Niederstedem vom kamen durch die Explosion eines mit Flugzeugtreibstoff gefüllten Großtanks 29 Menschen ums Leben.

24. September: USA - 1856: Der amerikanische Raddampfer Niagara sinkt auf dem Michigansee wenige Meilen vor Port Washington nach einem Brand. 60 bis 70 Passagiere sterben bei dem Unglück.

25. September: USA - 1978: Über San Diego stößt eine Boeing 727 der Pacific Southwest Airlines mit einem Sportflugzeug vom Typ Cessna 172 zusammen. Beim Absturz des Pacific-Southwest-Airlines-Fluges 182 sterben insgesamt 144 Menschen.

26. September: Norddeutschland - 1509: Die seit dem Vortag über die Deutsche Bucht hereinbrechende Zweite Cosmas- und Damianflut verursacht hohe Schäden im Rheiderland und im Oldambt. Der Dollart erreicht seine größte Ausdehnung.

27. September: Japan - 1959: Fast 5.000 Menschen sterben bei einem Taifun auf der japanischen Insel Honschu.

28. September: Indonesien - 2018: Durch ein Erdbeben und einen dadurch ausgelösten Tsunami sterben auf der indonesischen Insel Sulawesi mehr als 2000 Menschen und hunderte werden verletzt.

29. September: Brasilien - 2006: Über dem brasilianischen Bundesstaat Mato Grosso kollidiert Gol-Transportes-Aéreos-Flug 1907 mit einem Geschäftsreiseflugzeug. Letzteres kann

notlanden, die Boeing 737 stürzt hingegen ab, 154 Menschen sterben dabei.

30. September: Indien - 1993: Bei einem Erdbeben mit Epizentrum nahe der Stadt Latur im indischen Bundesstaat Maharashtra sterben rund 10.000 Menschen.

OKTOBER

01. Oktober: Schweden - 1918: Der Eisenbahnunfall von Getå ereignete sich bei dem kleinen Ort Getå in der schwedischen Gemeinde Norrköping. Mindestens 42 Menschen starben. Es war der schwerste Eisenbahnunfall in der Geschichte Schwedens.

02. Oktober: China - 1990: Während der Notlandung einer entführten Boeing 737 in Baiyun, Volksrepublik China,

kommt es zwischen dem Piloten und dem Entführer zu einem Kampf. Die Maschine gerät außer Kontrolle und rammt zwei weitere Flugzeuge. 132 Menschen sterben.

03. Oktober: Atlantik - 1918: Der britische Passagierdampfer Burutu sinkt in der Irischen See nach der Kollision mit dem Frachtdampfer City of Calcutta. 148 Passagiere und Besatzungsmitglieder kommen dabei ums Leben.

04. Oktober: Ukraine - 2001: Eine Tupolew Tu-154 der Sibir Air, auf dem planmäßigen Flug von Tel Aviv nach Nowosibirsk, wird während einer Militärübung auf dem Schwarzen Meer versehentlich durch eine Boden-Luft-Rakete der ukrainischen Marine abgeschossen. Alle 78 Menschen an Bord sterben.

05. Oktober: England - 1930: Bei einer versuchten Notlandung gerät das britische Passagierluftschiff R101 in Brand: insgesamt 48 der 54 Menschen an Bord sterben. Nach dem Unglück gibt Großbritannien den Bau weiterer Luftschiffe auf.

06. Oktober: Atlantik - 1986: K-219, ein Unterseeboot der sowjetischen Marine sinkt im Atlantischen Ozean, nachdem es wegen der Explosion einer seiner Raketen seit dem 3. Oktober an der Oberfläche getrieben hat. Der Großteil der Mannschaft kann gerettet werden.

07. Oktober: Deutschland - 1944: Bei einem Bombenangriff auf die niederrheinische Kreisstadt Kleve durch 355 britische Flugzeuge werden weite Teile der Stadt zerstört, über 500 Einwohner sterben.

08. Oktober: England - 1952: Im nordwestlich von London gelegenen Bahnhof Harrow & Wealdstone ereignet sich eines der schwersten Eisenbahnunglücke in der Geschichte der British Rail. 112 Menschen sterben und 340 werden verletzt als ein Schnellzug den hinteren Teil eines Nahverkehrszugs rammt und ein weiterer Schnellzug in Gegenrichtung in die Unglücksstelle hineinfährt.

09. Oktober: Italien - 1963: Das Aufstauen des Stausees Vajont bei Longarone, Italien, führt dazu, dass das Wasser den Berg Toc zum Rutschen bringt. 260 Millionen Kubikmeter Dolomiten-Gestein stürzen in den Stausee. Eine riesige Flutwelle überschwemmt zwei Dörfer, die Staumauer und anschließend die Stadt Longarone. Ca. 2.000 Menschen sterben.

10. Oktober: Chinesisches Meer - 1892: In der Formosastraße westlich der Insel

Taiwan sinkt das britische Passagierschiff Bokhara in einem Taifun. 125 Passagiere und Besatzungsmitglieder ertrinken.

11. Oktober: USA - 2006: Ein Sportflugzeug vom Typ Cirrus SR-20 schlägt in die Belaire Apartments in Manhattan ein. Der Pilot Cory Lidle und sein Fluglehrer kommen ums Leben, 21 Menschen werden verletzt.

12. Oktober: England - 1216: Bei der Überquerung des The Wash geht der Schatz des englischen Königs Johann Ohneland verloren. Die Zahl der Opfer ist unbekannt.

13. Oktober: Südamerika - 1972: In den Anden im Grenzgebiet zwischen Argentinien und Chile stürzt der Uruguayan-Air-Force-Flug 571 mit 45 Insassen, darunter eine Rugbymannschaft, in 4.000 Metern Höhe

ab. 16 Überlebende werden nach 72 Tagen gerettet.

14. Oktober: Schottland - 1881: Beim Unglück von Eyemouth verlieren 189 schottische Fischer durch einen Hurrikan an der Ostküste Schottlands ihr Leben.

15. Oktober: USA - 1863: Das konföderierte U-Boot CSS Hunley sinkt bei einem Tauchversuch auf Grund. Sieben Mann Besatzung und der Erbauer Horace Lawson Hunley sterben an Bord.

16. Oktober: England - 1834: Ein durch fahrlässiges Verbrennen von Kerbholz entstandenes Feuer zerstört den Großteil des Palace of Westminster.

17. Oktober: Afrika - 1998: Im Nigerdelta sterben bei einer Explosion

einer Erdöl-Pipeline rund 1.200 Menschen.

18. Oktober: Nicaragua - 1983: Massaker von Pantasma: In Nicaragua ermorden Terroristen bei einem Überfall auf eine Landwirtschaftskooperative 47 Männer, Frauen und Kinder.

19. Oktober: Nordatlantik - 1870: Der britische Passagierdampfer Cambria prallt im Sturm vor der irischen Küste auf das schroffe Felsenufer der Insel Inishtrahull und sinkt. Bei dem Unglück kommen 179 Menschen ums Leben.

20. Oktober: Hamburg - 1401: Auf dem Grasbrook in Hamburg werden Dutzende ehemaliger Vitalienbrüder, unter ihnen Klaus Störtebeker, enthauptet und die Köpfe zur Abschreckung aufgespießt.

21. Oktober: Deutschland - 1930: Bei einem schweren Grubenunglück in Alsdorf bei Aachen gibt es 271 Tote.

22. Oktober: Frankreich - 1895: Bei einem spektakulären Zugunglück im Bahnhof Montparnasse in Paris kommt eine Frau ums Leben, sechs weitere Personen werden verletzt.

23. Oktober: Norwegen - 1940: Der Hurtigruten-Passagierdampfer Prinsesse Ragnhild wird kurz nach dem Ablegen in Bodø vor der Insel Landegode von einer Explosion erschüttert und sinkt. Die Ursache ist bis heute unklar. 299 Menschen sterben.

24, Oktober: Deutschland - 1963: Grubenunglück von Lengede: In einem Stollen der Eisenerzgrube Lengede-Broistedt im niedersächsischen Lengede bei Peine werden 129 Bergleute in 60 m Tiefe verschüttet.

25. Oktober: Alaska - 1918: Das kanadische Dampfschiff Princess Sophia strandet auf einem Riff vor Alaska und kentert. Alle 343 Menschen an Bord sterben.

26. Oktober: Antiochien - 362: Der Apollontempel zu Daphne brennt bis auf die Grundmauern nieder. Der römische Kaiser Julian bezichtigt die Christen der Brandstiftung und lässt zahlreiche Kirchen schließen.

27. Oktober: Mittelamerika - 1998: Der Hurrikan Mitch, mit Windgeschwindigkeiten bis zu 285 km/h einer der stärksten Tropenstürme des 20. Jahrhunderts, fegt über Mittelamerika und kostet über 7000 Menschenleben.

28. Oktober: Japan - 1891: Das Mino-Owari-Erdbeben erschüttert Japan. Es ist

das bisher zweitgrößte in der Geschichte des Landes und verursacht 7.273 Tote, 17.175 Verletzte und etwa 140.000 zerstörte Häuser. Seine Stärke beträgt 8,0.

29. Oktober: Karibik - 1867: Vor Salt Island bei den Britischen Jungferninseln sinkt das britische Passagierschiff RMS Rhone in einem schweren Hurrikan. Mindestens 124 Menschen sterben. Die Passagiere waren den damaligen Gepflogenheiten entsprechend an ihre Betten gebunden, um im Sturm nicht herauszufallen.

30. Oktober: Türkei - 1983: Ein Erdbeben bei Erzurum und Kars in der Türkei fordert mehr als 1.300 Todesopfer

31. Oktober: Brasilien - 1996: Eine Fokker 100 der brasilianischen Fluggesellschaft TAM Linhas Aéreas aktiviert kurz nach dem Start vom

Flughafen São Paulo-Congonhas im rechten Triebwerk die Schubumkehr. Die Maschine stürzt in ein Wohngebäude, alle 95 Passagiere und 4 Personen am Boden kommen ums Leben.

NOVEMBER

01. November: Portugal - 1755: Die portugiesische Hauptstadt Lissabon wird durch ein Erdbeben und einen darauf folgenden Tsunami zu zwei Dritteln zerstört. Dabei kommen etwa 60.000 Menschen allein in Lissabon ums Leben. Der Wiederaufbau Lissabons wird in der Folge von Sebastião José de Carvalho e Mello organisiert.

02. November: Atlantik - 1856: Der französische Passagierdampfer Lyonnais kollidiert bei Nantucket mit einer Bark und sinkt am darauf folgenden Tag. 130 der 146 Menschen an Bord sterben.

03. November: Abruzzen - 1706: In den Abruzzen ereignet sich im Raum Sulmona ein Erdbeben, das neben Sachschäden mehr als tausend Tote verursacht.

04. November: Italien - 1966: Der Arno tritt über die Ufer und überflutet große Teile von Florenz. Dabei kommen zahlreiche Menschen ums Leben, Kunstwerke im Wert von mehreren Millionen werden beschädigt oder zerstört.

05: November: Nordsee - 1854: Vor Spiekeroog strandete bei Nordweststurm die mit 216 Auswanderern und 13 Besatzungsmitgliedern besetzte Bark Johanne. Das Fehlen geeigneter Rettungsmittel auf der Insel führte zum Tod von 77 Menschen. Die Übrigen konnten sich bei einsetzender Ebbe an den Strand retten. Die völlig unzureichenden Rettungsmittel auf der Insel führten zu ersten Rufen zur

Gründung des deutschen Seenotrettungswesens.

06. November: England - 1929: Eine Junkers explodierte über Surrey und stürzte ab, sechs Menschen an Bord starben.

07. November: Afrika - 1996: In Lagos, Nigeria, kommt es zum Absturz einer Boeing 727. Alle 143 Menschen an Bord sterben.

08. November: Philippinen - 1991: Auf den Philippinen fordern ein Wirbelsturm und die folgende Sturmflut das Leben von 7.000 Menschen.

09. November: Japan - 1963: Eine Kohlenstaubexplosion im Mitsui Miiki-Bergwerk in Ōmuta kostet 458 Menschen das Leben, 555 werden in der schwersten

Bergwerkskatastrophe nach dem Krieg in Japan verletzt.

10. November: Peru - 1946: Nach einem Erdbeben der Stärke 7,3 in Ancash, Peru, sind etwa 1.400 Tote zu beklagen.

11. November: Japan - 1855: Beim Ansei-Edo-Erdbeben in Japan bei Edo (heute: Tokio) sterben mehr als 6000 Menschen.

12. November: Bangladesch - 1970: Ein Zyklon mit Windgeschwindigkeiten von bis zu 230 km/h und meterhohen Flutwellen trifft Ostpakistan, das heutige Bangladesch. Mehr als 300.000 Menschen kommen ums Leben.

13. November: Kolumbien - 1985: Beim Ausbruch des Vulkans Nevado del Ruiz verwüstet ein Lahar die kolumbianische

Stadt Armero und kostet mindestens 20.000 Menschen das Leben.

14. November: Frankreich - 2015: Der Eisenbahnunfall von Eckwersheim im Elsass fordert mindestens zehn Menschenleben. Der Zug war offensichtlich mit zu hoher Geschwindigkeit in die Kurve am Ende der Schnellfahrstrecke gefahren und vom Bahndamm gestürzt.

15. November: Bangladesch - 2007: Zyklon Sidr trifft Bangladesch mit einer Windgeschwindigkeit von 215 km/h. Mindestens 3.447 Menschen kommen ums Leben.

16. November: Deutschland - 1911: Eines der historisch stärkeren Erdbeben in Deutschland richtete in Ebingen große Zerstörungen an.

17. November: Afrika - 1997: Bei einem Terroranschlag auf Touristen vor dem Hatschepsut-Tempel in Luxor (Ägypten) kommen 58 Menschen ums Leben.

18. November: Atlantik - 1905: An der bretonischen Küste rammt das britische Dampfschiff Hilda in einem Schneesturm vor der Insel Cézembre ein Riff und sinkt. 125 Menschen sterben.

19. November: Ärmelkanal - 1887: Im Ärmelkanal sinkt der niederländische Ozeandampfer W. A. Scholten nach der Kollision mit einem britischen Kohlenfrachter. 132 Passagiere und Besatzungsmitglieder sterben.

20. November: Indien - 2016: Bei einem schweren Eisenbahnunglück nahe Kanpur im indischen Bundesstaat Uttar Pradesh sterben mindestens 142 Menschen.

21. November: Irland - 1920: Am irischen Blutsonntag werden im Irischen Unabhängigkeitskrieg nach der Ermordung mehrerer britischer Agenten durch die Irische Republikanische Bruderschaft bei einem Gaelic-Football-Match mehrere Menschen von den paramilitärischen Truppen der Black and Tans erschossen.

22. November: USA - 1847: Auf dem Raddampfer Phoenix setzen überhitzte Dampfkessel die Holzverkleidung des Dampfers in Brand, der daraufhin in Flammen aufgeht und fünf Kilometer vor Sheboygan auf dem Michigansee ausbrennt. Etwa 250 Menschen sterben bei einem der schwersten Schiffsunglücke auf den Großen Seen.

23. November: Norddeutschland - 1334: Bei der Clemensflut genannten

Sturmflut geht das Kirchspiel Arngast im Jadebusen unter.

24. November: China - 1992: Guilin, Volksrepublik China: Beim Absturz einer aus Guangzhou kommenden Boeing 737 der China Southern Airlines beim Landeanflug 20 km vor dem Ziel kommen alle 141 Menschen an Bord ums Leben.

25. November: Indien - 1839: Über Indien tobt ein Zyklon, der Flutwellen mitbringt. Das Desaster fordert geschätzt 300.000 Tote. Die Hafenstadt Coringa wird total zerstört und hinterher nicht mehr aufgebaut.

26. November: England - 1914: Das britische Schlachtschiff Bulwark wird vor Sheerness durch eine Munitionskammerexplosion zerstört. Von den 750 Besatzungsmitgliedern kommen 738 Mann ums Leben.

27. November: England - 1944: Bei Burton upon Trent explodiert das Munitionslager Fauld der Royal Air Force. Die Explosion war eine der größten künstlichen, nichtnuklearen Explosionen der Geschichte und die größte im Vereinigten Königreich. Zwischen 3500 und 4000 Tonnen Munition explodierten. Der Großteil davon waren Sprengbomben, aber auch eine große Menge anderer Munition, darunter 500 Millionen Schuss Gewehrmunition.

28. November: China - 2004: Bei einem Grubenunglück in der Volksrepublik China werden in der Chenjiashan-Grube nahe Tongchuan in der Provinz Shaanxi 166 Bergleute ohne Hoffnung auf Rettung eingeschlossen.

29. November: Syrien - 533: Ein Erdbeben in Syrien nahe Aleppo führt zum Tod Zehntausender von Menschen. Es

sollen in der Region 130.000 umgekommen sein.

30. November: USA - Am 30. November 1954 befand sich eine Douglas DC-3 auf dem Weg von Laconia (New Hampshire) zum Flughafen von Berlin (New Hampshire). Im Anflug auf den Berlin Regional Airport in Milan (New Hampshire) wurde die Maschine in den 1050 Meter hohen Berg Mount Success geflogen. Bei diesem Unglück wurden der Erste Offizier und ein Mitarbeiter der Northeast Airlines getötet; der Kapitän, die Stewardess und zwei der drei Passagiere überlebten verletzt.

DEZEMBER

01. Dezember: Philippinen - 2006: Der Taifun Durian löst am Vulkan Mayon auf den Philippinen mehrere Schlammlawinen aus, die fast 1.000 Menschen unter sich

begraben. Rund eine Million Menschen werden obdachlos.

02. Dezember: Frankreich - 1959: In Südfrankreich stürzt die Staumauer Malpasset ein. 423 Menschen sterben durch die Flutwelle.

03. Dezember: Teneriffa - 1972: Auf Teneriffa verunglückt ein Charterflugzeug der Spantax beim Start; alle 148 Passagiere und 7 Besatzungsmitglieder sterben.

04. Dezember: Deutschland - 1949: Ein orkanartiger Sturm richtet in Deutschland schwere Schäden an. Mindestens 9 Menschen kommen u. a. beim Einsturz von Kriegsruinen in Hamburg, Bremen und Berlin ums Leben.

05. Dezember: Russland - 2009: Bei einem Brand in einem Restaurant mit Tanzbetrieb sterben im russischen Perm 155 Besucher.

06. Dezember: Kanada - 1917: Der französische Sprengstofffrachter Mont Blanc explodiert im Hafen Halifax. Zwischen 1635 und über 2000 Menschen sterben. Es ist die weltweit größte unfallbedingte von Menschen verursachte Explosion.

07. Dezember: Armenien - 1988: Beim Erdbeben von Spitak in Armenien kommen rund 25.000 Menschen ums Leben.

08. Dezember: Österreich - 1881: Der verheerende Brand des Ringtheaters in Wien fordert mehrere Hundert Tote. Das Ereignis hat internationale Auswirkungen auf den vorbeugenden Brandschutz.

09. Dezember: Frankreich - 1893: In Paris schleudert der Anarchist Auguste Vaillant aus Protest gegen die repressive Politik von Premierminister Jean Casimir-Perier einen selbst gefertigten Sprengkörper von der Zuschauergalerie in die Deputiertenkammer im Palais Bourbon. 50 Personen werden bei der Aktion verletzt. Der Täter wird später zum Tod verurteilt und am 5. Februar 1894 hingerichtet.

10. Dezember: Afrika - 2005: Ein Flugzeug der Fluggesellschaft Sosoliso verfehlt bei der Landung auf dem Flughafen Port Harcourt, Nigeria, die Landebahn und geht in Flammen auf. 108 Menschen kommen ums Leben, nur zwei überleben.

11. Dezember: Thailand - 1998: Ein Airbus A310 der Thai Airways stürzt während des Landeanflugs auf Surat

Thani in Thailand etwa 3 km vor dem Flughafen ab und explodiert. 101 Menschen sterben, 45 können gerettet werden.

12. Dezember: England - 1866: Bei zwei Explosionen im Kohlebergwerk „The Oaks Colliery“ in Barnsley sterben insgesamt 361 Bergleute.

13. Dezember: Peru - 1941: Ein Gletscherabbruch in den Palcacocha-See der peruanischen Anden bewirkt den Zerfall des den See aufstauenden Moränenwalls. Eine rasend ins Tal stürzende Schlammlawine tötet in der 23 Kilometer entfernten Stadt Huaraz etwa 6.000 Menschen.

14. Dezember: Atlantik - 1907: Der größte Schoner der Welt, die Thomas W. Lawson, der Welt einziger Siebenmastgaffelschoner, strandet, kentert und sinkt mit 15 Seeleuten und

dem Lotsen innerhalb der Scilly-Inseln in heftigem Sturm nach Bruch der Ankerkette. Dabei kommt es zu einer der ersten Ölkatastrophen auf See.

15. Dezember: Venezuela - 1999: In Venezuela kommt es aufgrund wochenlanger, ungewöhnlich intensiver Regenfälle in der Küstenregion zu katastrophalen Erdrutschen. Vor allem in dem vor Caracas gelegenen Bundesstaat Vargas werden mehrere Ortschaften zum Teil völlig von Schlamm begraben. In ganz Venezuela fordern die andauernden Unwetter 15.000 bis 50.000 Tote und mindestens 150.000 werden obdachlos.

16. Dezember: Chile - 1575: Das Erdbeben von Valdivia zählt zu den stärksten Erdbeben in der Geschichte Chiles. Neben Zerstörungen gibt es in der Stadt wenige Tote, doch blockiert ein ausgelöster Erdrutsch den Abfluss aus dem Lago Riñihue. Der natürliche Damm

bricht vier Monate später mit einer todbringenden Flutwelle.

17. Dezember: Brasilien - 1961: Im brasilianischen Niterói setzen unzufriedene Mitarbeiter bei einer Vorstellung ein Zirkuszelt in Brand. Es sterben 323 Menschen, etwa 500 werden verletzt.

18. Dezember: Pazifik - 1944: Im Taifun Cobra sinken vor der Insel Luzon auf den Philippinen drei Zerstörer der US-Marine, 28 weitere Schiffe werden zum Teil schwer beschädigt, 146 Flugzeuge werden zerstört und 790 Tote sind zu beklagen.

19. Dezember: Indonesien - 1997: Beim Absturz einer Boeing 737 der Silk Air in Sumatra, Indonesien, sterben alle 104 Menschen an Bord.

20. Dezember: Philippinen - 1987: Beim Untergang der philippinischen Fähre Doña Paz bei Mindoro nach einer Kollision mit dem Tanker Vector sterben 4.375 Passagiere und Besatzungsmitglieder der Doña Paz und 11 Besatzungsmitglieder der Vector. Es gibt insgesamt nur 26 Überlebende. Es handelt sich damit um das schwerste Schiffsunglück in Friedenszeiten.

21. Dezember: England - 1988: Nach einer Bombenexplosion an Bord von Pan-American-Flug 103 stürzt eine Boeing 747 über Lockerbie in Schottland ab, wobei alle 259 Menschen an Bord sowie 11 Einwohner von Lockerbie ums Leben kommen. Am 16. August 2003 übernimmt Libyen die Verantwortung für diesen Terroranschlag und hat bisher 2,7 Milliarden US-Dollar an die Hinterbliebenen (und deren Anwälte) gezahlt.

22. Dezember: Atlantik - 1963: Das in Griechenland registrierte britische Passagierschiff Lakonia brennt während einer Weihnachtskreuzfahrt zu den Kanarischen Inseln nördlich von Madeira aus. 128 Passagiere und Besatzungsmitglieder kommen ums Leben.

23. Dezember: Nicaragua - 1972: Ein Erdbeben der Stärke 6,2 in Nicaragua fordert etwa 5.000 Tote.

24. Dezember: Nordsee - 1811: Die in einem Orkan vor der dänischen Westküste gestrandeten britischen Schiffe HMS Defence und HMS St. George brechen in der Brandung. Vor Thorsminde sinken die Wracks. Etwa 1.300 Seeleute sterben.

25. Dezember: China - 1932: Ein Erdbeben der Stärke 7,6 in Gansu,

Volksrepublik China, fordert etwa 70.000 Tote.

26. Dezember: Norddeutschland - 838: Eine Sturmflut an der Nordseeküste verursacht in Friesland etwa 2500 Tote, die Leybucht entsteht.

27. Dezember: Türkei - 1939: Ein Erdbeben der Stärke 7,8 im türkischen Erzincan fordert ca. 33.000 Tote.

28. Dezember: Österreich - 1999: Bei einem Lawinenunglück im Jamtal unweit der Jamtalhütte im Gemeindegebiet von Galtür in Österreich sterben neun Deutsche, nachdem am 23. Februar des gleichen Jahres bereits zahlreiche Menschen in Galtür durch eine Lawine gestorben sind.

29. Dezember: Peru - 2001: Das Vorführen von Feuerwerkskörpern führt in Lima zu einer Brandkatastrophe, die 282 Tote und 134 Verletzte verursacht.

30. Dezember: USA - 1903: Bei einem Brand im Iroquois Theater in Chicago sterben 602 Menschen.

31. Dezember: Japan - 1703: Ein großes Erdbeben erschüttert die japanische Präfektur Kanagawa. Zusammen mit einem nachfolgenden Tsunami richtet es in Tokio, Odawara und anderen Orten in der Region Zerstörungen an. Über 10.000 Menschen sterben bei der Naturkatastrophe.